LA CORONA DE ADVIENTO

P. Enrique Escribano

Segunda edición
Guayaquil, Ecuador, 15 de julio de 2020
Versión 2.23

Shoreless Lake Press

Introducción

La presente corona de adviento es bíblica porque las reflexiones que contiene hacen referencia al evangelio de ese mismo día. Se reza en domingo y, por ello, cada una de las velas coinciden con cada uno de los cuatro domingos de adviento.

Es difícil cuadrar cada año la reflexión de cada domingo de la corona de adviento con el evangelio de ese día ya que hay tres tipos distintos de domingos, llamados A, B y C, que van turnándose cíclicamente, pero los evangelios de distintos ciclos tienen sus similitudes. En todo caso, las reflexiones estarán siempre adaptadas al evangelio de ese día domingo.

Si no la reza en domingo, de igual modo, puede tomar el evangelio del domingo anterior para darle mayor sentido bíblico a la reflexión.

Bendición de la corona de adviento

Antes de comenzar a rezar la corona de adviento debemos bendecirla.

V./ Señor Jesucristo, que dijiste "Yo soy la luz del mundo; el que me siga no caminará en la oscuridad, sino que tendrá la luz de la vida"[1] guíanos con tu luz hacia Ti. Te lo pedimos por Jesucristo Nuestro Señor.
R./ Amén.

V./ Señor Jesucristo, que dijiste "Vosotros sois la luz del mundo. No puede ocultarse una ciudad situada en la cima de un monte"[2], ayúdanos a que brille así nuestra luz ante los hombres para que vean nuestras buenas obras y glorifiquen a nuestro Padre que está en los cielos[3]. Te lo pedimos por Jesucristo Nuestro Señor.
R./ Amén.

V./ Señor, Dios todopoderoso, bendice con tu poder nuestra corona de adviento para que, al encenderla, despierte en nosotros el deseo de esperar la venida de Cristo practicando las buenas obras y, para que así, cuando Él llegue, seamos admitidos al Reino de los Cielos. Te lo pedimos por Jesucristo Nuestro Señor.
R./ Amén.

---

[1] Jn 8, 12
[2] Mt 5, 14
[3] Mt 5, 16

Modo de rezar
la corona de adviento

Después de haber bendecido la corona siga cada domingo el siguiente esquema:

1. Rece la *oración inicial* (ver en la página siguiente).

2. Tome una Biblia y lea el *evangelio del día* (salvo que lo acabe de escuchar en la Misa y se lo quiera saltar para no repetirlo). La referencia de ese evangelio la puede encontrar también en la cabecera de la reflexión de cada día. Tenga en cuenta que hay tres tipos diferentes de domingos según el año en que nos encontramos, llamados A, B y C. Vea según el año cuál es el que corresponde.

3. Lea la *reflexión* que corresponda a ese día domingo.

4. Rece la *oración*.

5. *Encienda la vela* correspondiente

6. Haga el *propósito*

7. Rece la *oración final*

Si se reza en grupo el que hace de guía reza del punto 1 al 6. Todos juntos rezan el punto 7. El que hace de guía puede turnarse entre los presentes.

Oración inicial

Dios, Padre celestial, que tanto nos has amado que enviaste a tu Hijo al mundo para nuestra salvación[1], te damos gracias por estar aquí reunidos alrededor de esta corona, signo de nuestro deseo de prepararnos lo mejor posible para celebrar el nacimiento de tu Hijo hecho hombre.

María, Madre de Dios y madre nuestra, tú que te preparaste para recibir a tu Hijo Jesús, ayúdanos a estar bien dispuestos para las fiestas que recuerdan su primera venida, para que también lo estemos para su definitiva y segunda venida.

---

[1] Jn 3, 16-17

Primer domingo de adviento

Evangelio

El evangelio de este día depende del año:
-Mt 24, 37-44: ciclo A, años 2022, 2025, 2028, 2031...
-Mc 13, 33-37: ciclo B, años 2020, 2023, 2026, 2029...
-Lc 21, 25-28.34-36: ciclo C, años 2021, 2024, 2027, 2030...

Reflexión

La predicación de Juan Bautista insistió en estar siempre preparados estando muy atentos: "Estad en vela", "Velad, pues no sabéis cuándo vendrá", "Estad siempre despiertos"...etc.

El tiempo de Adviento es un tiempo de preparación para la Navidad, pero también es un tiempo para prepararnos para su segunda venida. Juan Bautista, que dedicó su predicación a preparar a las gentes para la aparición pública de Nuestro Señor nos enseña que el primer paso de esa preparación es estar despiertos.

El pecado nos adormece y oscurece nuestra conciencia, de modo que caminamos en tinieblas y tropezamos con frecuencia.

¿Qué es lo primero que podemos hacer para estar despiertos? Encender la luz. El primer paso para despertar es hacer una revisión de nuestra vida, nuestro pasado y nuestro presente, para inundar de luz todo aquello que nos impide acercarnos al Niño Jesús.

Oración

Oremos: Que al encender esta primera vela de la corona de adviento se haga luz en nuestra conciencia para que viendo con claridad nuestros pecados, miserias y debilidades, sepamos avanzar sin tropezar por el camino del bien.

SE ENCIENDE LA PRIMERA VELA DE LA CORONA

Propósito

Nuestro propósito para este día puede ser el de hacer un examen de conciencia profundo y sincero, abarcando todo y con humildad, y así poder concretar un plan de conversión empezando por aquello que es más oscuro en nuestra vida.

Oración final

Jesús, José y María
os doy el corazón y el alma mía

Jesús, José y María
os doy el corazón y el alma mía

Jesús, José y María
os doy el corazón y el alma mía

Dios te salve María, llena eres de gracia; el Señor es contigo. Bendita Tú eres entre todas las mujeres y bendito es el fruto de tu vientre, Jesús.

Santa María, Madre de Dios, ruega por nosotros, pecadores, ahora y en la hora de nuestra muerte. Amén.

Segundo domingo de adviento

Evangelio
El evangelio de este día depende del año:
-Mt 3, 1-12: ciclo A, años 2022, 2025, 2028, 2031…
-Mc 1, 1-8: ciclo B, años 2020, 2023, 2026, 2029...
-Lc 3, 1-6: ciclo C, años 2021, 2024, 2027, 2030...

Reflexión
Juan Bautista nos insiste en que preparemos "el camino del Señor". Lo hace ahora llamándonos a la conversión: "¡Conviértanse!", y Juan "predicaba que se convirtieran", "predicando un bautismo de conversión". Por ello, una vez iluminado el camino es necesario tomarlo. Una vez iluminada nuestra conciencia hemos de iluminar nuestra vida.

Empezar a andar "el camino del Señor" es la decisión del que quiere convertirse, del que abandona otros caminos que no eran del Señor: "Mis caminos no son vuestros caminos" (Isaías 55, 8), incluso del que corría en la vida espiritual con su actividad pero olvidaba centrarse en lo más importante, su cercanía con Jesús: "Corres bien, pero fuera del camino" (San Agustín).

¿Qué es lo primero que debemos hacer para andar ese camino? Renunciar al anterior. Arrepentirnos y pedirle perdón a Dios. Renunciar al camino del pecado para seguir una vida nueva, llena de luz.

Oración

Oremos: Que al encender esta segunda vela de la corona de adviento se haga luz en nuestra vida para que, viendo con claridad las decisiones que haya que tomar, sepamos avanzar sin tropezar por el camino del Señor.

SE ENCIENDE LA SEGUNDA VELA DE LA CORONA

Propósito

Nuestro propósito para este día puede ser el de hacer una buena confesión, el comienzo necesario de toda conversión, para que así podamos cambiar nuestros antiguos caminos por el camino del Señor.

Oración final

Jesús, José y María
os doy el corazón y el alma mía

Jesús, José y María
os doy el corazón y el alma mía

Jesús, José y María
os doy el corazón y el alma mía

Dios te salve María, llena eres de gracia; el Señor es contigo. Bendita Tú eres entre todas las mujeres y bendito es el fruto de tu vientre, Jesús.

Santa María, Madre de Dios, ruega por nosotros, pecadores, ahora y en la hora de nuestra muerte. Amén.

Tercer domingo de adviento

Evangelio
El evangelio de este día depende del año:
-Mt 11, 2-11: ciclo A, años 2022, 2025, 2028, 2031…
-Jn 1,6-8.19-28: ciclo B, años 2020, 2023, 2026, 2029...
-Lc 3, 10-18: ciclo C, años 2021, 2024, 2027, 2030...

Reflexión
Los profetas habían anunciado la llegada del Mesías con los signos que le acompañarían. Cuando Juan envió a sus discípulos a Jesús a preguntarle si Él era el Mesías, Jesús respondió que sí: los hechos a la vista demostraban que eso era lo anunciado por los profetas. Sin embargo, la vida de Juan Bautista, parecida a la de Jesús, llevó a muchos a preguntarle si él era el Mesías, pero él dijo que no. Imitar a Jesús en nuestras vidas no es un simple parecido, sino una forma de vida que puede hasta confundir a los demás: que nuestros pensamientos, deseos y acciones coincidan con los de Él.

Si queremos imitar a Jesús ¿qué sería lo primero que deberíamos hacer? Saber cómo es Él, y por ello, la necesidad de alcanzar un conocimiento profundo de Su persona.

Oración
Oremos: Que al encender esta tercera vela de la corona de adviento se haga luz en nuestro

trato con Jesús para que podamos conocerlo bien y, con ello, podamos alcanzar una mayor amistad.

SE ENCIENDE LA TERCERA VELA DE LA CORONA

Propósito

Nuestro propósito para este día puede ser el de hacer oración, y así conversando con Él conocerlo mejor para poder hacer nuestra vida una imagen de la suya.

Oración final

Jesús, José y María
os doy el corazón y el alma mía

Jesús, José y María
os doy el corazón y el alma mía

Jesús, José y María
os doy el corazón y el alma mía

Dios te salve María, llena eres de gracia; el Señor es contigo. Bendita Tú eres entre todas las mujeres y bendito es el fruto de tu vientre, Jesús.

Santa María, Madre de Dios, ruega por nosotros, pecadores, ahora y en la hora de nuestra muerte. Amén.

Cuarto domingo de adviento

Evangelio

El evangelio de este día depende del año:
-Mt 1, 18-24: ciclo A, años 2022, 2025, 2028, 2031...
-Lc 1, 26-38: ciclo B, años 2020, 2023, 2026, 2029...
-Lc 1, 39-45: ciclo C, años 2021, 2024, 2027, 2030...

Reflexión

El primer adviento se inauguró con la visita del arcángel Gabriel a María para pedir su consentimiento en los planes divinos. Poco después María visitó a Isabel para ayudarla. Por último, el arcángel Gabriel visitó a José para informarle sobre los planes de Dios.

Fueron tres las visitas extraordinarias: dos con un arcángel que venía del Cielo y una con María que traía consigo al Hijo venido del Cielo. La vida ordinaria de los que fueron visitados fue salpicada por acontecimientos extraordinarios que venían del Cielo.

Pronto celebraremos la primera venida del Niño Jesús. Algún día lo recibiremos por segunda vez. ¿Podemos recibir su visita en nuestra vida ordinaria? Todos los días si comprendemos que Dios nos visita a diario en la Eucaristía.

Oración

Oremos: Que al encender esta cuarta vela de la corona de adviento brille Su luz entre nosotros para que cuando María dé a luz a su Hijo podamos recibirlo iluminados por su estrella.

SE ENCIENDE LA CUARTA VELA
DE LA CORONA

Propósito

Nuestro propósito para este día puede ser el de acercarnos siempre a la Comunión con especial devoción: recibiéndola siempre con el anhelo con que lo recibió su Madre, con el asombro de los pastores y con la humildad de los Reyes Magos, y así poder hacer de cada día de nuestra vida un día de Navidad.

Oración final

Jesús, José y María
os doy el corazón y el alma mía

Jesús, José y María
os doy el corazón y el alma mía

Jesús, José y María
os doy el corazón y el alma mía

Dios te salve María, llena eres de gracia; el Señor es contigo. Bendita Tú eres entre todas las mujeres y bendito es el fruto de tu vientre, Jesús.

Santa María, Madre de Dios, ruega por nosotros, pecadores, ahora y en la hora de nuestra muerte. Amén.

9 781953 170040